Cuaı cachorro

por Lobo, el perro
ilustrado por Polly Powell

Harcourt

Orlando   Boston   Dallas   Chicago   San Diego

Visita *The Learning Site*
www.harcourtschool.com

Cuando yo era cachorro,
soñaba que era grande.

Cuando yo era cachorro, era el más revoltoso de todos.

Cuando yo era cachorro,
mi amo me dijo "Ésta es
tu casa".

Cuando yo era cachorro,
añoraba a mi mamá por
la noche.

Cuando yo era cachorro,
era muy chico para
algunas cosas.

Cuando yo era cachorro,
saltaba todo el día.

Mira cómo soy ahora.
Ahora soy un perro grande.

Cuando salgo, me llama
"Aquí, Lobo". Yo corro a
su lado.

Cuando me espera en
casa, tiene algo para mí.
¡Qué bien!

Tenemos muchos amigos.
¡Mira, hay visitas!

11

Cuando yo era cachorro,
era muy divertido.
¡Ahora también!